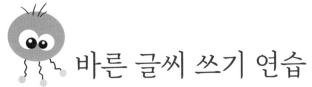

바른 글씨 쓰기 연습

1학년 쓰기

담터미디어

[차 례]

* 이 쓰기 책은 단순히 쓰는 문제나 모양에 의존한 쓰기 공부가 아니라
교과서의 읽기, 말하기 듣기, 쓰기를 심층 분석하여 각 내용에 맞게
재구성하였습니다. 바르게 쓰는 것은 예쁘게 쓰는 것이며, 예쁘게 쓰는 것은
아름다운 심성을 기르는 것과도 같습니다.
우리말 한글을 예쁘게 쓰고 바르게 사용하시기 바랍니다.

* 앉은 자세는 물론 연필을 바르게 쥐는 법, 원고지 쓰는 법 등을
처음부터 올바르게 익힐 수 있도록 지도해 주세요.

* 이 책의 쓰기 서체는 바른 글씨 쓰기에 도움이 될 수 있도록 선별한 <마포금빛나루> 서체를 사용하였습니다.

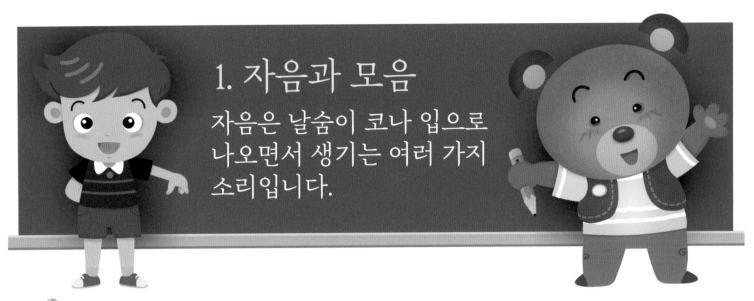

1. 자음과 모음

자음은 날숨이 코나 입으로 나오면서 생기는 여러 가지 소리입니다.

 소리 내어 읽으면서 써 보세요.

ㄱ	ㄴ	ㄷ	ㄹ	ㅁ	ㅂ	ㅅ
ㄱ	ㄴ	ㄷ	ㄹ	ㅁ	ㅂ	ㅅ
ㅇ	ㅈ	ㅊ	ㅋ	ㅌ	ㅍ	ㅎ
ㅇ	ㅈ	ㅊ	ㅋ	ㅌ	ㅍ	ㅎ

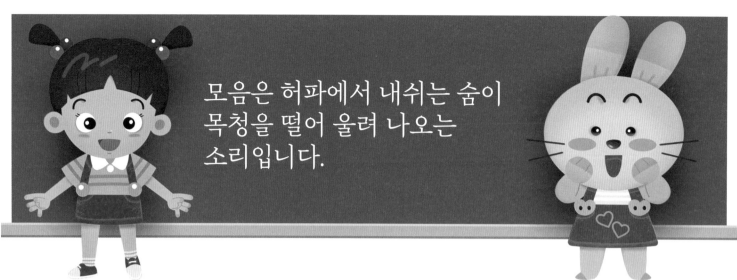

모음은 허파에서 내쉬는 숨이
목청을 떨어 울려 나오는
소리입니다.

 소리 내어 읽으면서 써 보세요.

ㅏ	ㅑ	ㅓ	ㅕ			
ㅏ	ㅑ	ㅓ	ㅕ			
ㅗ	ㅛ	ㅜ	ㅠ	ㅡ	ㅣ	
ㅗ	ㅛ	ㅜ	ㅠ	ㅡ	ㅣ	

2. 가족

우리 가족을
소개해 보세요.

 ◁ 모양의 글자를 바르게 쓰세요.

누	나		아	기		가	족	
누	나		아	기		가	족	
누	나		아	기		가	족	
누	나		아	기		가	족	
누	나		아	기		가	족	
누	나		아	기		가	족	
누	나		아	기		가	족	
누	나		아	기		가	족	

할아버지
할머니

 ◁ 모양의 글자를 바르게 쓰세요.

할	아	버	지		할	머	니	
할	아	버	지		할	머	니	
할	아	버	지		할	머	니	
할	아	버	지		할	머	니	
할	아	버	지		할	머	니	
할	아	버	지		할	머	니	
할	아	버	지		할	머	니	
할	아	버	지		할	머	니	

아버지
어머니 나

✎◁ 모양의 글자를 바르게 쓰세요.

아	버	지		어	머	니		나
아	버	지		어	머	니		나
아	버	지		어	머	니		나
아	버	지		어	머	니		나
아	버	지		어	머	니		나
아	버	지		어	머	니		나
아	버	지		어	머	니		나
아	버	지		어	머	니		나

"할아버지,
안녕하세요?"

 소리 내어 읽으면서 써 보세요.

		"	할	아	버	지	,		안	녕
하	세	요	?	"						
		"	할	아	버	지	,		안	녕
하	세	요	?	"						
		"	할	아	버	지	,		안	녕
하	세	요	?	"						
		"	할	아	버	지	,		안	녕
하	세	요	?	"						

아버지와 함께
동산에 올라가요.

 소리 내어 읽으면서 써 보세요.

아	버	지	와		함	께
동	산	에		올	라	가요.
아	버	지	와		함	께
동	산	에		올	라	가요.
	아	버	지	와	함	께
동	산	에		올	라	가요.
	아	버	지	와	함	께
동	산	에		올	라	가요.

삼촌과 함께
우리집에 온 강아지

✏️ 소리 내어 읽으면서 써 보세요.

삼	촌	과		함	께		우
리	집	에		온		강	아	지
삼	촌	과		함	께		우
리	집	에		온		강	아	지
삼	촌	과		함	께		우
리	집	에		온		강	아	지
삼	촌	과		함	께		우
리	집	에		온		강	아	지

3. 우리집

우리집을
떠올려 봅니다.

△ 모양의 글자를 바르게 쓰세요.

집	방	마	당	청	소
집	방	마	당	청	소
집	방	마	당	청	소
집	방	마	당	청	소
집	방	마	당	청	소
집	방	마	당	청	소
집	방	마	당	청	소
집	방	마	당	청	소

보글보글
요리사

✏️ △ 모양의 글자를 바르게 쓰세요.

보	글	보	글		요	리	사	
보	글	보	글		요	리	사	
보	글	보	글		요	리	사	
보	글	보	글		요	리	사	
보	글	보	글		요	리	사	
보	글	보	글		요	리	사	
보	글	보	글		요	리	사	
보	글	보	글		요	리	사	

맛있는
밥 부엌

 소리 내어 읽으면서 써 보세요.

맛	있	는		밥	부	억	
맛	있	는		밥	부	억	
맛	있	는		밥	부	억	
맛	있	는		밥	부	억	
맛	있	는		밥	부	억	
맛	있	는		밥	부	억	
맛	있	는		밥	부	억	
맛	있	는		밥	부	억	

온 가족이
대청소를 합니다.

 소리 내어 읽으면서 써 보세요.

온	가족이	대청
소를	합니다.	
온	가족이	대청
소를	합니다.	
온	가족이	대청
소를	합니다.	
온	가족이	대청
소를	합니다.	

갑자기 개가
달려들었습니다.

 소리 내어 읽으면서 써 보세요.

	갑	자	기		개	가		달
려	들	었	습	니	다	.		
	갑	자	기		개	가		달
려	들	었	습	니	다	.		
	갑	자	기		개	가		달
려	들	었	습	니	다	.		
	갑	자	기		개	가		달
려	들	었	습	니	다	.		

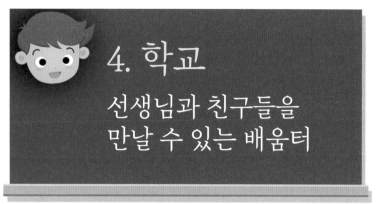

4. 학교

선생님과 친구들을
만날 수 있는 배움터

 ◇ 모양의 글자를 바르게 쓰세요.

학	교		교	실		운	동	장
학	교		교	실		운	동	장
학	교		교	실		운	동	장
학	교		교	실		운	동	장
학	교		교	실		운	동	장
학	교		교	실		운	동	장
학	교		교	실		운	동	장
학	교		교	실		운	동	장

공차기
숙제 공부

 ◇ 모양의 글자를 바르게 쓰세요.

공	차	기	숙	제	공	부
공	차	기	숙	제	공	부
공	차	기	숙	제	공	부
공	차	기	숙	제	공	부
공	차	기	숙	제	공	부
공	차	기	숙	제	공	부
공	차	기	숙	제	공	부
공	차	기	숙	제	공	부

선생님
교실 칠판

 소리 내어 읽으면서 써 보세요.

선	생	님		교	실		칠	판
선	생	님		교	실		칠	판
선	생	님		교	실		칠	판
선	생	님		교	실		칠	판
선	생	님		교	실		칠	판
선	생	님		교	실		칠	판
선	생	님		교	실		칠	판
선	생	님		교	실		칠	판

"학교에 다녀
오겠습니다."

 소리 내어 읽으면서 써 보세요.

	"학교에	다녀오
겠습니다."		
"학교에	다녀오	
겠습니다."		
"학교에	다녀오	
겠습니다."		
"학교에	다녀오	
겠습니다."		

선생님께서 정답게
웃으십니다.

 소리 내어 읽으면서 써 보세요.

	선	생	님	께	서		정	답
게		웃	으	십	니	다	.	
	선	생	님	께	서		정	답
게		웃	으	십	니	다	.	
	선	생	님	께	서		정	답
게		웃	으	십	니	다	.	
	선	생	님	께	서		정	답
게		웃	으	십	니	다	.	

재미있게
공차기를 해요.

 소리 내어 읽으면서 써 보세요.

	재	미	있	게		공	차	기
를		해	요	.				
	재	미	있	게		공	차	기
를		해	요	.				
	재	미	있	게		공	차	기
를		해	요	.				
	재	미	있	게		공	차	기
를		해	요	.				

친구들과 즐겁게
청소를 했습니다.

 소리 내어 읽으면서 써 보세요.

	친	구	들	과		즐	겁	게
청	소	를		했	습	니	다	.
	친	구	들	과		즐	겁	게
청	소	를		했	습	니	다	
	친	구	들	과		즐	겁	게
청	소	를		했	습	니	다	
	친	구	들	과		즐	겁	게
청	소	를		했	습	니	다	.

5. 학용품

공부할 때 필요한
여러 가지 물건들

 소리 내어 읽으면서 써 보세요.

학	용	품	필	통	공	책
학	용	품	필	통	공	책
학	용	품	필	통	공	책
학	용	품	필	통	공	책
학	용	품	필	통	공	책
학	용	품	필	통	공	책
학	용	품	필	통	공	책
학	용	품	필	통	공	책

지우개 색연필 책

 소리 내어 읽으면서 써 보세요.

지	우	개		색	연	필		책
지	우	개		색	연	필		책
지	우	개		색	연	필		책
지	우	개		색	연	필		책
지	우	개		색	연	필		책
지	우	개		색	연	필		책
지	우	개		색	연	필		책
지	우	개		색	연	필		책

가방 용돈 기입장

 소리 내어 읽으면서 써 보세요.

가방	용돈	기입장
가방	용돈	기입장
가방	용돈	기입장
가방	용돈	기입장
가방	용돈	기입장
가방	용돈	기입장
가방	용돈	기입장
가방	용돈	기입장

낙서를 지우는
지우개는 요술쟁이

✏️ 소리 내어 읽으면서 써 보세요.

낙	서	를		지	우	는	
지	우	개	는	요	술	쟁	이
낙	서	를		지	우	는	
지	우	개	는	요	술	쟁	이
낙	서	를		지	우	는	
지	우	개	는	요	술	쟁	이
낙	서	를		지	우	는	
지	우	개	는	요	술	쟁	이

필통 속 연필들이
나란히 나란히

 소리 내어 읽으면서 써 보세요.

필통	속	연필들
이	나란히	나란히
필통	속	연필들
이	나란히	나란히
필통	속	연필들
이	나란히	나란히
필통	속	연필들
이	나란히	나란히

6. 우리

우리들은
친한 친구 사이

 ◁ 모양의 글자를 바르게 쓰세요.

나	너	우	리	친	구
나	너	우	리	친	구
나	너	우	리	친	구
나	너	우	리	친	구
나	너	우	리	친	구
나	너	우	리	친	구
나	너	우	리	친	구
나	너	우	리	친	구

아주머니
동네 짝

 ◁ 모양의 글자를 바르게 쓰세요.

아	주	머	니		동	네		짝
아	주	머	니		동	네		짝
아	주	머	니		동	네		짝
아	주	머	니		동	네		짝
아	주	머	니		동	네		짝
아	주	머	니		동	네		짝
아	주	머	니		동	네		짝
아	주	머	니		동	네		짝

마을
이웃 아저씨

✏️ 소리 내어 읽으면서 써 보세요.

마	을		이	웃		아	저	씨
마	을		이	웃		아	저	씨
마	을		이	웃		아	저	씨
마	을		이	웃		아	저	씨
마	을		이	웃		아	저	씨
마	을		이	웃		아	저	씨
마	을		이	웃		아	저	씨
마	을		이	웃		아	저	씨

우리는 달을 보며
노래불렀습니다.

 소리 내어 읽으면서 써 보세요.

우	리	는		달	을		보
며		노	래	불	렀	습	니	다

동네 친구와
산에 올라갔습니다

 소리 내어 읽으면서 써 보세요.

동네		친구와		산
에		올라갔습니다.		
동네		친구와		산
에		올라갔습니다		
동네		친구와		산
에		올라갔습니다		
동네		친구와		산
에		올라갔습니다		

산에서 내려와
김밥을 먹었습니다.

 소리 내어 읽으면서 써 보세요.

산	에	서		내	려	와	
김	밥	을		먹	었	습	니	다 |.
산	에	서		내	려	와	
김	밥	을		먹	었	습	니	다 |.
산	에	서		내	려	와	
김	밥	을		먹	었	습	니	다 |.
산	에	서		내	려	와	
김	밥	을		먹	었	습	니	다 |.

편지 가방을 든
집배원 아저씨

 소리 내어 읽으면서 써 보세요.

편지		가방을			든
집배원		아저씨			
편지		가방을			든
집배원		아저씨			
편지		가방을			든
집배원		아저씨			
편지		가방을			든
집배원		아저씨			

7. 자연

우리를 둘러싼
자연을 알아 봅니다.

 소리 내어 읽으면서 써 보세요.

샘물	시냇물	바다
샘물	시냇물	바다
샘물	시냇물	바다
샘물	시냇물	바다
샘물	시냇물	바다
샘물	시냇물	바다
샘물	시냇물	바다
샘물	시냇물	바다

하늘 나무
뒷동산

 소리 내어 읽으면서 써 보세요.

하	늘		나	무		뒷	동	산
하	늘		나	무		뒷	동	산
하	늘		나	무		뒷	동	산
하	늘		나	무		뒷	동	산
하	늘		나	무		뒷	동	산
하	늘		나	무		뒷	동	산
하	늘		나	무		뒷	동	산
하	늘		나	무		뒷	동	산

비 연못
바위 풀

 소리 내어 읽으면서 써 보세요.

비	연	못	바	위	풀
비	연	못	바	위	풀
비	연	못	바	위	풀
비	연	못	바	위	풀
비	연	못	바	위	풀
비	연	못	바	위	풀
비	연	못	바	위	풀
비	연	못	바	위	풀

숲속에 작은 연못이
있습니다.

✏️ 소리 내어 읽으면서 써 보세요.

숲	속	에		작	은		연
못	이		있	습	니	다	.
숲	속	에		작	은		연
못	이		있	습	니	다	.
숲	속	에		작	은		연
못	이		있	습	니	다	.
숲	속	에		작	은		연
못	이		있	습	니	다	.

푸른 하늘에
흰구름이 흘러갑니다.

 소리 내어 읽으면서 써 보세요.

	푸른		하늘에		흰
구름이			흘러갑니다		.
	푸른		하늘에		흰
구름이			흘러갑니다		.
	푸른		하늘에		흰
구름이			흘러갑니다		.
	푸른		하늘에		흰
구름이			흘러갑니다		.

바다에 작은 배가
떠 있습니다.

 소리 내어 읽으면서 써 보세요.

바	다	에		작	은		배
가		떠		있	습	니	다.
바	다	에		작	은		배
가		떠		있	습	니	다.
바	다	에		작	은		배
가		떠		있	습	니	다.
바	다	에		작	은		배
가		떠		있	습	니	다.

8. 동물나라

다양한 동물들을
알아 봅니다.

 소리 내어 읽으면서 써 보세요.

강아지	쥐	병아리
강아지	쥐	병아리
강아지	쥐	병아리
강아지	쥐	병아리
강아지	쥐	병아리
강아지	쥐	병아리
강아지	쥐	병아리
강아지	쥐	병아리

사자 호랑이 여우

소리 내어 읽으면서 써 보세요.

사 자	호 랑 이	여 우
사 자	호 랑 이	여 우
사 자	호 랑 이	여 우
사 자	호 랑 이	여 우
사 자	호 랑 이	여 우
사 자	호 랑 이	여 우
사 자	호 랑 이	여 우
사 자	호 랑 이	여 우

거북   토끼   고양이

 소리 내어 읽으면서 써 보세요.

거	북		토	끼		고	양	이
거	북		토	끼		고	양	이
거	북		토	끼		고	양	이
거	북		토	끼		고	양	이
거	북		토	끼		고	양	이
거	북		토	끼		고	양	이
거	북		토	끼		고	양	이
거	북		토	끼		고	양	이

털이 길고 귀가
큰 강아지입니다.

 소리 내어 읽으면서 써 보세요.

털이		길고		귀가
큰	강아	지입	니다	.
	털이	길고		귀가
큰	강아	지입	니다	.
	털이	길고		귀가
큰	강아	지입	니다	.
	털이	길고		귀가
큰	강아	지입	니다	.

여우가 새끼돼지를
물어갔습니다.

 소리 내어 읽으면서 써 보세요.

여우가	새끼돼지
를	물어갔습니다.
여우가	새끼돼지
를	물어갔습니다.
여우가	새끼돼지
를	물어갔습니다.
여우가	새끼돼지
를	물어갔습니다.

토끼에게 고구마를
주었습니다.

 소리 내어 읽으면서 써 보세요.

토	끼	에	게		고	구	마
를		주	었	습	니	다	.
	토	끼	에	게		고	구	마
를		주	었	습	니	다	.
	토	끼	에	게		고	구	마
를		주	었	습	니	다	.
	토	끼	에	게		고	구	마
를		주	었	습	니	다	.

9. 과일
맛있는 열매

 소리 내어 읽으면서 써 보세요.

대추		감	배	열매	
대	추	감	배	열	매
대	추	감	배	열	매
대	추	감	배	열	매
대	추	감	배	열	매
대	추	감	배	열	매
대	추	감	배	열	매
대	추	감	배	열	매

사과　참외　수박

 소리 내어 읽으면서 써 보세요.

사	과		참	외		수	박	
사	과		참	외		수	박	
사	과		참	외		수	박	
사	과		참	외		수	박	
사	과		참	외		수	박	
사	과		참	외		수	박	
사	과		참	외		수	박	
사	과		참	외		수	박	

굴   포도   오렌지

 소리 내어 읽으면서 써 보세요.

굴	포	도	오	렌	지	
굴	포	도	오	렌	지	
굴	포	도	오	렌	지	
굴	포	도	오	렌	지	
굴	포	도	오	렌	지	
굴	포	도	오	렌	지	
굴	포	도	오	렌	지	
굴	포	도	오	렌	지	

원두막에서
수박을 먹었습니다.

 소리 내어 읽으면서 써 보세요.

		원	두	막	에	서		수	박
을		먹	었	습	니	다	.		
		원	두	막	에	서		수	박
을		먹	었	습	니	다	.		
		원	두	막	에	서		수	박
을		먹	었	습	니	다	.		
		원	두	막	에	서		수	박
을		먹	었	습	니	다	.		

감나무에 감이
탐스럽게 주렁주렁

 소리 내어 읽으면서 써 보세요.

감	나	무	에		감	이
탐	스	럽	게		주	렁	주	렁
감	나	무	에		감	이
탐	스	럽	게		주	렁	주	렁
감	나	무	에		감	이
탐	스	럽	게		주	렁	주	렁
감	나	무	에		감	이
탐	스	럽	게		주	렁	주	렁

배꽃이 하얗게
소복소복 피었어요.

 소리 내어 읽으면서 써 보세요.

배	꽃	이		하	얗	게
소	복	소	복		피	었	어	요	.
배	꽃	이		하	얗	게
소	복	소	복		피	었	어	요	.
배	꽃	이		하	얗	게
소	복	소	복		피	었	어	요	.
배	꽃	이		하	얗	게
소	복	소	복		피	었	어	요

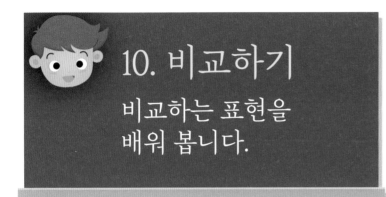

10. 비교하기

비교하는 표현을
배워 봅니다.

 소리 내어 읽으면서 써 보세요.

홀	쭉	하	다	통	통	하	다
홀	쭉	하	다	통	통	하	다
홀	쭉	하	다	통	통	하	다
홀	쭉	하	다	통	통	하	다
홀	쭉	하	다	통	통	하	다
홀	쭉	하	다	통	통	하	다
홀	쭉	하	다	통	통	하	다
홀	쭉	하	다	통	통	하	다

크다　작다　　길다　짧다

 소리 내어 읽으면서 써 보세요.

크다		작다		길다	
크다		작다		길다	
크다		작다		길다	
크다		작다		길다	
크다		작다		길다	
크다		작다		길다	
크다		작다		길다	
크다		작다		길다	

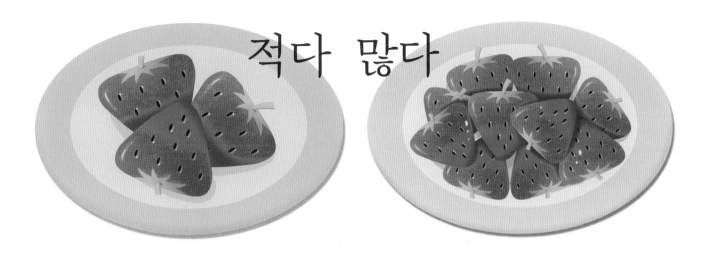

적다 많다

 소리 내어 읽으면서 써 보세요.

짧다		적다		많다	
짧다		적다		많다	
짧다		적다		많다	
짧다		적다		많다	
짧다		적다		많다	
짧다		적다		많다	
짧다		적다		많다	
짧다		적다		많다	

기린은 목이 길고
홀쭉합니다.

 소리 내어 읽으면서 써 보세요.

	기	린	은		목	이		길
고		홀	쭉	합	니	다	.	
	기	린	은		목	이		길
고		홀	쭉	합	니	다	.	
	기	린	은		목	이		길
고		홀	쭉	합	니	다	.	
	기	린	은		목	이		길
고		홀	쭉	합	니	다	.	

덩치 큰 코끼리
말썽꾸러기 강아지

 소리 내어 읽으면서 써 보세요.

덩	치		큰		코	끼	리
말	썽	꾸	러	기		강	아	지
덩	치		큰		코	끼	리
말	썽	꾸	러	기		강	아	지
덩	치		큰		코	끼	리
말	썽	꾸	러	기		강	아	지
덩	치		큰		코	끼	리
말	썽	꾸	러	기		강	아	지

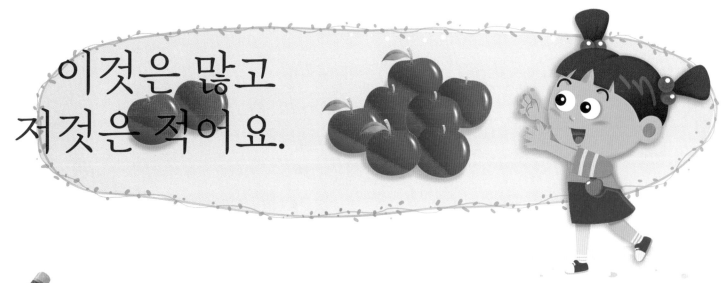

이것은 많고
저것은 적어요.

✏️ 소리 내어 읽으면서 써 보세요.

이	것	은		많	고		저
것	은		적	어	요	.	
	이	것	은		많	고	저
	것	은		적	어	요	.
		이	것	은		많	고	저
		것	은		적	어	요	.
			이	것	은		많	고	저
			것	은		적	어	요	.

11. 흉내 내는 말

소리를 흉내 내거나
모양을 흉내 내는 말들을
알아 봅니다.

 소리를 생각하며 읽으면서 써 보세요.

따르릉			첨벙		빵빵	
따	르	릉	첨	벙	빵	빵
따	르	릉	첨	벙	빵	빵
따	르	릉	첨	벙	빵	빵
드르렁			맴맴		똑똑	
드	르	렁	맴	맴	똑	똑
드	르	렁	맴	맴	똑	똑
드	르	렁	맴	맴	똑	똑

 소리 내어 읽으면서 써 보세요.

쨱	쨱		뻐	꾹		뽀	드	득
쨱	쨱		뻐	꾹		뽀	드	득
쨱	쨱		뻐	꾹		뽀	드	득
쨱	쨱		뻐	꾹		뽀	드	득
쨍	그	랑		개	굴	개	굴
쨍	그	랑		개	굴	개	굴
쨍	그	랑		개	굴	개	굴
쨍	그	랑		개	굴	개	굴

눈 위를 걸으면
뽀드득뽀드득

 소리 내어 읽으면서 써 보세요.

눈		위	를		걸	으	면
뽀	드	득	뽀	드	득		
눈		위	를		걸	으	면
뽀	드	득	뽀	드	득		
눈		위	를		걸	으	면
뽀	드	득	뽀	드	득		
눈		위	를		걸	으	면
뽀	드	득	뽀	드	득		

생글생글 생긋
방글방글 방긋

 소리 내어 읽으면서 써 보세요.

생	글	생	글		생	긋	
방	글	방	글		방	긋	
생	글	생	글		생	긋	
방	글	방	글		방	긋	
생	글	생	글		생	긋	
방	글	방	글		방	긋	
생	글	생	글		생	긋	
방	글	방	글		방	긋	

 소리 내어 읽으면서 써 보세요.

훨훨	푸드덕	펄쩍
훨훨	푸드덕	펄쩍
훨훨	푸드덕	펄쩍
훨훨	푸드덕	펄쩍

어슬렁	살금살금
어슬렁	살금살금
어슬렁	살금살금
어슬렁	살금살금

놀란 토끼가
깡충깡충 달아납니다.

 소리 내어 읽으면서 써 보세요.

| 놀 | 란 | | 토 | 끼 | 가 | | 깡 |
| 충 | 깡 | 충 | | 달 | 아 | 납 | 니 | 다 |.
놀	란		토	끼	가		깡
충	깡	충		달	아	납	니	다
놀	란		토	끼	가		깡
충	깡	충		달	아	납	니	다
놀	란		토	끼	가		깡
충	깡	충		달	아	납	니	다

● 바른 글씨 쓰기는 바른 자세가 중요합니다.
연필을 바르게 쥐는 것도 중요합니다.

● 처음에는 천천히 바른 글씨체를 따라쓰기 하며 연습합니다.
집중하느라 몸과 손에 힘을 주기도 하지만 점점 자연스럽게 힘을 빼면서
쓰는 연습을 하다 보면 자기만의 모양을 다듬어 가게 됩니다.

● 문장부호나 원고지 사용법도 익혀 가며 반복 쓰기 연습을
한 후에는 간단히 받아쓰기도 함께 해보며
한글을 바르고 예쁘게 써 봅니다.

⚠ 주 의
보호자와 함께
사용하시오.

종이
코팅된 표지를 제거한 후
종이로 분리배출

63370

9 788984 926721
ISBN 978-89-8492-672-1

사용상 주의사항 : ①던지거나 밟아서 미끄러지지 않도록 합니다.
②화기에 가까이 두지 마세요. ③찢거나 종이조각을 삼키지 않도록
어린이가 사용하는 경우 반드시 부모님의 관리와 주의가 필요합니다.

2024년 1월 25일 3쇄 발행 | 펴낸곳 답터미디어 | 펴낸이 이용성 | **제조국 대한민국**
등록 제1996-1호(1996.3.5) | 주소 서울 중랑구 용마산로79길 35 | 전화 02)436-7101

값 7,000원